AF312050

VENTE

Des Mardi 16 et Mercredi 17 juin 1896

HOTEL DROUOT, SALLE N° 11

A deux heures un quart

BEAUX MEUBLES

DES ÉPOQUES ET STYLES

Renaissance, Louis XIII, Louis XIV, Louis XV, Louis XVI
et Ier Empire

IMPORTANT AMEUBLEMENT DE SALON
Fourni par KRIÉGER

Bahuts, Tables, Consoles, Commodes, Guéridons, Chaises-longues, Sièges divers

OBJETS D'ART ET D'AMEUBLEMENT

BRONZES, SCULPTURES, PORCELAINES, FAIENCES

Objets de Vitrine et de Curiosité

BIJOUX — ARGENTERIE

COLLIER DE PERLES

BELLE TAPISSERIE DES GOBELINS

ET AUTRES TAPISSERIES

Étoffes, Tenture en cuir de Cordoue, Tapis

TABLEAUX ANCIENS & MODERNES

Dessins. — Aquarelles. — Miniatures

Me G. DUCHESNE	**M. A. BLOCHE**
Commissaire-Priseur	*Expert près la Cour d'appel*
6, rue de Hanovre, 6	28. Rue de Châteaudun, 28

EXPOSITION PUBLIQUE

Le Lundi 15 Juin 1896, de 2 heures à 6 heures

IMPRIMERIE ARTISTIQUE

E. MÉNARD & Cie

Bureaux et Ateliers : Paris — 8, Rue Milton

CONDITIONS DE LA VENTE

La vente sera faite *expressément* au comptant.

Les acquéreurs payeront en sus des adjudications *cinq pour cent*.

L'exposition mettant le public à même de se rendre compte de l'état des objets, il ne sera admis aucune réclamation une fois l'adjudication prononcée.

Paris — Imp. E. Ménard & Cie, 8, rue Milton.

DÉSIGNATION

TABLEAUX

1 — ANDRIEUX. *La Barricade*.

2 — BALLIQUANT. *Bergère et moutons au bord d'un ruisseau*.

3 — BOUCHER. *La Gloire*. Composition de six figures. Plafond.

4 — BRISSET. *Le Christ guérissant les malades*.

5 — CARRACHE (Annibal). *Portrait d'homme*.

6 — COTTIN. *Incident d'audience*. Aquarelle.

7 — COTTIN. *Un mariage à la mairie.* Aquarelle.

8 — COTTIN. *Five O'Clock tea et Quel malheur voilà la pluie.* Deux aquarelles.

9 — COUTURE (Th.). *Portrait d'Armand Barbès.*

10 — DAUMiER. *Deux moines.*

11 — DELACROIX. *La reine Margot.*

12 — DUEZ. *Travailleurs de la mer.* Dessin.

13 — DUTSCHLER. *Paysage. Un herbage.* Aquarelle.

14 — FLANDRIN (Hipp.). *Portrait de femme.*

15 — GALLARD LÉPINAY. *Vue du Bosphore.*

16 — GOBAUT. *Vue prise dans les Pyrénées-Orientales.* Aquarelle importante.

17 — GOYA. *Deux buveurs dans un cabaret.*

18 — GOYA. *Le musicien.*

19 — GROS (Baron). *Portrait d'Elleviou.*

20 — GREUZE. *Portrait d'amiral Louis XVI.*

21 — HEEM (David de). *Nature morte.*

22 — LEVY. *Femme nue.* Étude.

23 — MILLET (J.-F.). *Portrait d'homme.* Dessin.

24 — MONTZAIGLE. *Tête de femme.* Pastel.

25 — RABIER. *Quai Sainte-Catherine à Marseille.*

26 — RABIER. *Arrivée de Joseph en Egypte.* Dessin.

27 — RIBERA. *Le Christ.*

28 — ROBIN. *La lecture interrompue. Portrait de femme étendue sur un sopha.*

29 — ROUSSEAU (Th.). *Etude de paysage* .

30 — VERNIER (Emile). *Une mine de cuivre en Cornouaille (Angleterre).*

31 — ÉCOLE ESPAGNOLE. *La Vierge et l'enfant.*

32-33 — ÉCOLE FRANÇAISE. *La chasse, la récolte des fruits.* Deux dessus de portes.

34 — ÉCOLE FRANÇAISE (xviiie siècle). *Portrait de la princesse Henriette d'Angleterre.*

35-38 — ÉCOLE FRANÇAISE (xviiie siècle). *Pastorales.* Quatre dessus de portes.

39 — ÉCOLE FRANÇAISE du xviiie siècle. *Portrait de femme.* Pastel.

MEUBLES

40-46 — Très joli ameublement de salon en bois sculpté et peint en gris, style Louis XVI fourni par la maison Krieger composé de :

Un canapé et deux fauteuils couverts en velours de Gênes jaune.

Une bergère garnie en soie.

Deux consoles à dessus de marbre.

Une petite table de milieu.

Un petit canapé modèle à carquois de flèches, entièrement garni de canne.

Un paravent à trois feuilles, le bas garni en soie, le haut à petites vitres.

Deux décors de croisée en soie jaune à bandes.

47 — Bureau en marqueterie de Boule, joli dessin du temps de Louis XIV.

48 — Deux jolies chaises en bois sculpté et doré. Style Louis XVI, garnies en canne dorée.

49 — Belle armoire normande en chêne sculpté du temps de Louis XVI.

5o — Quatre chaises en chêne sculpté foncées de canne du temps de Louis XV.

5i — Jolie petite commode en bois rose du temps de Louis XVI garnie de bronzes.

52-53 — Deux très beaux bahuts en noyer sculpté. Style Louis XIII

54 — Fauteuil Louis XV en bois sculpté et doré, couvert en tapisserie ancienne, le fond à chien et volatile et le dossier à figure de petite fille tressant une couronne de fleurs.

55 — Bergère Louis XVI en bois sculpté et doré, couverte en soie brochée. Elle porte la signature J. R. Boulard.

56 — Fauteuil Louis XV en bois sculpté couvert en tapisserie ancienne à fleurs.

5y — Deux figures d'anges en bois sculpté et peint. Époque Louis XV.

58 — Table en chêne sculpté à allonges. Époque Henri IV.

59 — Ecran secrétaire en acajou Louis XVI orné
de bronze.

60 — Buste de Bacchante en noyer sculpté, son
piédouche en marbre.

61 — Commode Louis XIV en bois de placage
garni d'entrées de serrure et poignées en
bronze avec dessus de marbre.

62 — Console en chêne sculpté peint en vert du
temps de Louis XIV, avec dessus de marbre.

63 — Commode à colonnes en acajou ornée de
bronzes dorés.

64 — Grande et belle encoignure Louis XV avec
partie de garniture de soie ancienne.

65 — Joli fauteuil Louis XIV en bois richement
sculpté et doré, couvert en tapisserie d'Aubusson.

66 — Petite banquette ou saut de lit en bois
sculpté et doré, garnie de soierie ancienne.
Style Louis XVI.

67 — Bureau de dame à cylindre Louis XVI en bois de rose.

67 bis — Table-liseuse en bois de rose. Style Louis XVI.

68 — Ecran formant bureau Louis XVI en acajou.

69 — Fauteuil Louis XVI dit à perruque en noyer sculpté et foncée de canne.

70 — Bergère Louis XVI en bois peint, couverte en soierie rose ancienne.

71 — Chaise-longue couverte en étoffe de laine bleue.

72 — Petit divan couvert en étoffe de laine vieux rose.

73 — Fauteuil en noyer sculpté, couvert en tapisserie au petit point fond vieux rose et bleu à bouquet de fleurs Époque Louis XV.

74 — Chaise en noyer sculpté. Style Louis XIV.

75 — Fauteuil en bois sculpté et doré. Époque Louis XV.

76 — Guéridon Ier Empire garni de bronzes.

77 — Petite table à demi-tiroirs garnie de bronzes. Ier Empire.

78 — Banquette en bois sculpté, couverte d'étoffe ancienne. Époque du Directoire.

79 — Paravent à six feuilles ornées de peintures. Époque Louis XV.

80 — Deux fauteuils et deux chaises couverts de velours d'Utrecht.

81 — Ameublement de salon de style Louis XVI en palissandre sculpté et ciré couvert en veleurs bleu frappé.

OBJETS D'ART

BRONZES, SCULPTURES, PORCELAINES

82 — Grande et belle pendule en bronze, partie doré, et marbre bleuté, représentant un groupe de nymphes et d'amours célébrant Bacchus.

83 — Service à thé en ancienne porcelaine de l'Inde, décor à armoiries.

84 — Groupe en marbre : L'Enfant aux raisins d'après Pigalle.

85 *bis* — Deux groupes en faïence blanche sur socle.

86 — Deux cadres anciens en bois sculpté et doré, ornés de glaces.

87 — Cadre ancien en bois sculpté.

88 — Miniature sur ivoire : Le retour de Diane de la Chasse, d'après Rubens.

89 — Miniature sur ivoire : Intérieur de taverne flamande d'après Téniers.

90 — Deux bouteilles gravées et dorées.

91 — Buste en marbre : Napoléon Ier.

92 — Soupière en porcelaine de Saxe.

93 — Lanterne vénitienne à gaz.

94 — Ondine, statuette terre cuite de Carrier Belleuse.

95-96 — Sommeil et Réveil, deux bustes terre cuite de Carrier Belleuse.

96 — Service de table d'environ cent-vingt pièces en porcelaine Barbot, décor à jetées de fleurs.

97-110 — Groupes et figurines de Saxe et d'Allemagne (seront divisés).

111-124 — Vases, jardinières et autres pièces de forme en porcelaine de Chine et autres (seront divisés).

125 — Lustre en bronze à dix-huit lumières.

126 — Petite statuette de Napoléon Ier, en bronze.

127 — Émail représentant la Sainte Famille.

128 — Encrier en bronze.

129 — Armure japonaise.

130 — Cythare ancienne.

131 — Deux noix de coco jumelles.

132 — Mortier et son pilon en marbre blanc sculpté, décor à jour.

133 — Coupe en émail de Limoges, représentant le Repas des Dieux de l'Olympe.

134 — Pipe en bois sculpté, représentant un chien, monture en argent.

135-140 — Quatre plats et dix-sept assiettes ou compotiers en porcelaine de l'Inde, de Chine et du Japon.

141-145 — Trois plats, une soupière, deux jardinières et dix-huit assiettes en faïence diverses.

146 — Pot en faïence, à décor métallique.

147 — Plat en porcelaine d'Allemagne, décor à fleurs.

148 — Deux vases forme bambou en poterie de Satzuma, décor à fleurs.

149 — Vase cylindrique en poterie de Satzuma, décor à vases de fleurs.

150 — Deux vases en poterie de Satzuma, décor à personnages.

151 — Grand vase en poterie émaillée décorée de fleurs en relief.

152 — Grande miniature ovale : portrait de madame Sophie.

153 — Miniature représentant une grande dame anglaise dans un parc. Cadre sculpté.

154 — Miniature : le Lever des Ouvrières en modes.

155 — Miniature : portrait de Madame de Marsan.

155 *bis* — Miniature : portrait de femme coiffée
d'un chapeau orné de plumes.

156 — Miniature : jeune fille avec couronne de
roses.

157 — La Rêveuse, miniature dans le goût du
xviiie siècle.

BIJOUX, ARGENTERIE

158 — Collier d'un rang de cinquante-huit perles
avec fermoir orné d'un brillant, poids environ
trois cent soixante-seize grains.

159 — Paire de boutons d'oreilles brillants, soli-
taires.

160 — Broche en brillants et perles.

161 — Bracelet en brillants et saphirs.

162 — Paire de boucles d'oreilles en perles.

163 — Bague enrichie de perles et brillants.

164 — Bague en brillants.

165 — Bague en saphir et diamants.

166 — Bracelet enrichi de rubis et de diamants.

167 — Broche barrette émeraudes et brillants.

168 — Montre de dame en or.

169 — Montre d'homme en or, à remontoir.

170-175 — Divers objets d'argenterie ancienne.

TAPISSERIES

ÉTOFFES, TENTURES, TAPIS

176 — Jolie tapisserie des Gobelins du temps de
Louis XIV, représentant Diane et ses nymphes
au bain. Avec belle bordure à chute de fleurs
et de fruits, et les coins à panaches de plumes
et jardinières fleuries.

177 — Couvre-lit fond blanc brodé de soie à rin-
ceaux fleuris, personnages chinois et volatiles.

178 — Dessus de lit fond jaune brodé de soie à
fleurs et volatiles, à double face, encadré de
filet vénitien, xviiie siècle.

179 — Grand et beau tapis d'Aubusson, riche
dessin, médaillon à fleurs et ornements dans
le goût du xviiie siècle.

180 — Grande portière en tapisserie ancienne du
temps de Louis XIV, sujet à personnages, avec
bordure, doublée de satinette.

181 — Panneau en tapisserie ancienne, verdure avec oiseaux, bordure à fleurs et fruits.

182 — Grand bandeau en velours grenat, décoré d'applications et de broderies.

183 — Trois chasubles anciennes.

184 — Deux morceaux d'étoffe de soie ancienne, fond bleu.

185 — Belle tenture en ancien cuir de Cordoue, à dessin or, argent, et noir sur fond rouge rubis, comprenant seize grands panneaux mesurant environ 2^m20 de hauteur et se composant chacun de deux ou trois feuilles.

186 — Deux paires de rideaux en taffetas vert d'eau.

187 — Trois portières en étoffe de laine vieux rose.

188 — Décor de lit.

189 — Décor de chambre à coucher en satin bleu ciel avec bandes vieux rose, orné de draperies.

190-192 — Cinq coussins en soierie ancienne Louis XVI.

193-209 — Chapes, dalmatiques, tapis et autres pièces en brocart ou satin broché et brodé. (Sera divisé).

210 — Belle décoration de porte ou de croisée en riche broderie d'Orient.

211 — Objets omis.

Paris. — Imp. E. Ménard & Cie, 8, rue Milton.

www.ingramcontent.com/pod-product-compliance
Ingram Content Group UK Ltd.
Pitfield, Milton Keynes, MK11 3LW, UK
UKHW022345170726
13837UKWH00005BA/2432